PRIX : 3 FR.

BIBLIOTHÈQUE D'ÉDUCATION

ET

DE RÉCRÉATION

Mlle Lili

à la campagne

vignettes par L. Frölich

J. HETZEL, ÉDITEUR, 18, RUE JACOB

PARIS

MADEMOISELLE LILI

A

LA CAMPAGNE

BIBLIOTHÈQUE D'ÉDUCATION
ET
DE RECRÉATION

Mlle Lili à la campagne

vignettes par L. Frölich

COLLECTION HETZEL

MADEMOISELLE LILI

A

LA CAMPAGNE

GRANDS DESSINS A LA PLUME

PAR L. FRÖLICH

GRAVURES PAR M. BURCKNER, DE DRESDE

Texte par un Papa

(P. J. STAHL)

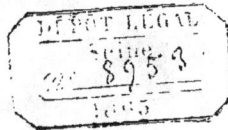

PARIS

J. HETZEL, LIBRAIRE-ÉDITEUR

18, RUE JACOB, 18

1865

UN MOT DE PRÉFACE

La Journée de mademoiselle Lili a fait un grand nombre d'amis à cette intéressante petite personne dans tous les pays du monde. J'ai reçu plus d'une petite lettre datée de Londres, de Berlin, de Copenhague, où l'on me demande de ses nouvelles. « Qu'est-elle devenue? où est-elle? est-elle toujours bien gentille? a-t-elle grandi? etc., etc. »

Voici un petit livre qui satisfera, nous l'espérons, toutes ces aimables impatiences.

Puisse-t-il réussir à grossir encore le nombre des petits amis et des petites amies de mademoiselle Lili.

P. J. STAHL.

Texte tiré à l'imprimerie Claye, à Paris; planches à l'imprimerie Silbermann, à Strasbourg.

TANDIS QUE MAMAN CHERCHE DES OBJETS POUR LE VOYAGE, LILI FAIT

LA MALLE A SA MANIÈRE.

— SA CHÈRE MAMAN VA ÊTRE TRÈS-CONTENTE.

MADEMOISELLE LILI

A

LA CAMPAGNE

I

MADEMOISELLE LILI

FAIT SES PRÉPARATIFS DE DÉPART.

Mademoiselle Lili a prévenu hier mademoiselle Julie, sa poupée, qu'on allait aller passer un mois à la campagne. Mademoiselle Julie, qui est une Parisienne, a fait la grimace. Elle trouve que le jardin de la tante où il y a une veranda, des plantes grimpantes, et deux arbres, et une balançoire, lui suffit. Mais mademoiselle Lili lui a donné à entendre qu'elle n'aimait pas qu'on lui réponde.

Le jour est venu, c'est décidé, on va partir.

Pendant que sa maman est allée chercher dans ses armoires tout ce qu'il faut emporter pour le voyage, made-

1

moiselle Lili fait la malle à sa manière. Elle y met toutes les choses de première nécessité dont elle n'aimerait pas se séparer : 1° mademoiselle Julie, 2° la cage de son petit serin monsieur Fifi, 3° son vase à fleurs avec le beau bouquet que lui a donné avant-hier sa grand'maman, et bien sûr il y aura de la place aussi pour son rosier.

Sa chère maman va être extrêmement contente de voir comme mademoiselle Lili fait bien les malles, et qu'elle n'a rien oublié.

EST-CE QUE C'EST LA CAMPAGNE, MON PAPA?

II

MADEMOISELLE LILI EN CHEMIN DE FER.

Les mamans ne font pas les malles de la même façon que les petites filles. La maman de mademoiselle Lili ne s'est pas arrangée de celle qu'avait préparée mademoiselle Lili. Il a fallu laisser monsieur Fifi, le bouquet et le rosier aux soins de la bonne grand'maman. Il paraît que la malle était trop petite.

C'est égal, on est parti.

Les cris des chemins de fer ont inquiété un peu au départ mademoiselle Lili; mais quand elle a vu que tout le monde avait l'air rassuré, elle s'est dit qu'il ne fallait pas y faire attention.

Mademoiselle Lili va donc enfin savoir ce que c'est que la campagne! Elle a choisi sa place sur les genoux de son papa, près de la portière. Elle veut tout voir, elle regarde tout passer avec la plus grande attention. Comme cela va vite! Les maisons, les petits jardins, les arbres courent tous les uns après les autres, comme s'ils voulaient s'attraper.

Mademoiselle Lili remarque une grande usine avec de grandes, grandes cheminées, qui ressemblent beaucoup à l'obélisque, d'où sortent des tourbillons de flamme et de fumée. — « Est-ce que c'est là la campagne, mon papa? »

Mademoiselle Lili est bien contente d'apprendre que non.

Elle s'est fait de la campagne une autre idée.

111

MADEMOISELLE LILI DORT SI BIEN QU'ELLE NE S'APERÇOIT SEULEMENT PAS
QU'ON EST ARRIVÉ.

III

Mademoiselle Lili a tant regardé, tant regardé pour voir si les arbres couraient pour de bon les uns après les autres pour s'attraper, et s'ils s'attrapaient, que ses yeux se sont fatigués et qu'elle a fini par s'endormir.

En dormant, mademoiselle Lili a complétement oublié qu'elle était en route pour la campagne.

Elle rêve.

Dans son rêve, elle croit qu'elle est encore à Paris, qu'elle a été conduire mademoiselle Julie aux Champs-Élysées, qu'elle a monté dans la voiture aux chèvres, et que pour deux sous de plus qu'elle avait dans sa poche la dame qui mène les chèvres avait consenti à les conduire elle et mademoiselle Julie au Jardin d'acclimatation. Mademoiselle Lili tient beaucoup à montrer l'aquarium à Mademoiselle Julie, pour lui apprendre l'histoire naturelle des poissons et leur nom, et aussi comment est fait le dedans de la mer. Mademoiselle Julie est une poupée toute neuve, elle n'a jamais rien vu ; elle va être bien étonnée. Il faut faire son éducation. Mademoiselle Lili lui apprendra aussi à dire bonjour aux autres poupées en anglais et en allemand. Mademoiselle Lili sait ces deux langues-là. Les chèvres vont très-vite ; elles vont au grand galop. Tout à coup, mademoiselle Lili rêve dans son rêve qu'elle s'endort. Elle ne sait plus qu'elle vient de rêver et ne rêve plus. Mais elle n'en dort que mieux. Elle dort si bien et si longtemps, que l'on est arrivé. et que mademoiselle Lili ne s'en est seulement pas aperçue.

Son papa est obligé de la prendre doucement dans ses bras pour descendre. Mais ce n'était pas nécessaire d'y mettre tant de précautions, mademoiselle Lili, bercée par le mouvement du wagon, n'a jamais dormi si profondément.

IV

QUAND LILI S'ÉVEILLE LE LENDEMAIN MATIN, ELLE EST TRÈS-ÉTONNÉE
D'APPRENDRE QU'ELLE A DORMI A LA CAMPAGNE.

IV

LE RÉVEIL DE MADEMOISELLE LILI

A LA CAMPAGNE.

Quand mademoiselle Lili s'éveille, le lendemain matin, elle est joliment étonnée d'apprendre qu'elle a dormi cette nuit à la campagne. On dort à la campagne comme à Paris. C'est la même chose. Seulement les petits oiseaux chantent le matin dans les arbres. C'est pour dire bonjour à mademoiselle Lili.

Mademoiselle Lili remarque aussi que personne ne crie dans les rues et qu'on n'entend pas non plus rouler les omnibus; ils ne sont peut-être pas encore levés. Ils sont paresseux. Mademoiselle Lili n'est pas paresseuse, elle.

Elle demande qu'on l'habille bien vite, bien vite. Mademoiselle Lili est très-pressée. Elle a hâte de sortir. Elle veut voir comment c'est fait, la campagne dans la rue.

« Il n'y a pas de rue, lui dit sa maman.

— Pas de rue! dit mademoiselle Lili, alors qu'est-ce qu'il y a? on ne peut donc pas sortir des maisons?

— Tu verras, dit sa maman, il y a de beaux petits chemins bordés de haies, et des sentiers dans les champs et dans
les prés, qui conduisent au pied des montagnes et partout,
à travers les bouquets.

— Et la Seine, et les ponts? dit mademoiselle Lili?

— Il n'y a pas de Seine. Tu verras de jolis ruisseaux,
dont l'eau est très-claire, et qui courent entre les fleurs des
prés sur de jolis petits cailloux bien brillants.

— Y a-t-il des poissons dans les ruisseaux?

— Oui, dit la maman.

— Rouges, dit mademoiselle Lili?

— Non, dit la maman.

— Tant pis, dit mademoiselle Lili. »

Cependant, mademoiselle Lili ne sera pas longue à sa
toilette aujourd'hui.

V

IL Y A BEAUCOUP DE LAIT A LA CAMPAGNE!!
MADEMOISELLE LILI A EU LA BONNE PRÉCAUTION D'APPORTER SA
GRANDE TASSE.

V

D'abord on descend à la laiterie pour chercher soi-même son bon déjeuner. Il y a beaucoup de lait à la campagne. Mademoiselle Lili ouvre de grands yeux en se trouvant en présence d'une douzaine de grandes larges terrines toutes pleines de lait! Mademoiselle Lili a eu la bonne précaution d'apporter sa tasse. Marguerite, la fermière, avec la permission de sa maman la remplit jusqu'au bord. Lili croit que le lait n'est pas si blanc à la campagne qu'à Paris. Marguerite lui apprend qu'il n'y a pas d'eau dedans, qu'on n'a pas ôté la bonne crème, et que c'est pour cela qu'il est plus jaune qu'à Paris.

Mademoiselle Lili trouve que c'est très-mal qu'il y ait de l'eau et pas de crème dans le lait de Paris. Son papa devrait empêcher ça. Mademoiselle Lili a goûté un peu le lait, il est très, très-bon, le lait de campagne. Quel dommage que Minet et grand'maman ne soient pas là! Mademoiselle Lili offre d'en laisser un petit peu au fond de sa tasse qu'on pourra leur garder. Mais elle en laisse si peu, que sa maman trouve sans doute que ce n'est pas la peine de l'envoyer, car on ne l'envoie pas. Alors mademoiselle Lili, en repassant près de sa tasse, boit ce qu'elle avait laissé. C'est très-mal de faire des restes. Quand ce n'est pas de la soupe, mademoiselle Lili n'en fait presque jamais. Si elle en fait quelquefois, c'est encore trop.

VI

— AH BIEN ! J'AI DÉJA VU LA CAMPAGNE A PARIS.....

— OÙ DONC ? LUI DEMANDA SON PAPA.

— AUX TUILERIES DONC , DIT MADEMOISELLE LILI.

VI

Après avoir bien bu son lait, mademoiselle Lili est allée chercher son papa pour faire un petit tour.

« C'est pourtant vrai, il n'y a pas de rues !

— C'est-il parce qu'on ne sait pas où il faut aller pour acheter beaucoup de maisons, dit mademoiselle Lili ?

— Non, dit son papa. Mais il ne demeure pas assez de gens à la campagne pour qu'on soit obligé de serrer les maisons les unes contre les autres, comme à Paris. Il faut garder de la place pour les champs. »

Son papa lui montre alors le beau pays, le grand ciel, les jolies herbes des prés, les coquelicots, les bluets, toutes les fleurs des champs, et le grand bois.

« C'est ça la campagne? dit mademoiselle Lili en regardant les arbres du bois. — Ah! bien, j'ai déjà vu la campagne à Paris.

— Où donc, lui demanda son papa ?

11

— Aux Tuileries donc, dit mademoiselle Lili.

— Oui, mais dans les Tuileries ça ne sent pas si bon, répond son papa; ouvre ton petit nez, tu verras.

— C'est vrai, dit mademoiselle Lili, mais ici il n'y a pas de sable, pour jouer à la pelle, ni de petites filles, ni de petits garçons pour jouer à tout, et je ne vois pas non plus le théâtre de monsieur Polichinelle.

— Veux-tu retourner aux Tuileries? dit le papa.

— Oh! non, non, petit père; pas encore, répond mademoiselle Lili.

POURQUOI FAIRE LES VACHES? DIT MADEMOISELLE LILI.

— POUR DONNER A LILI LE BON LAIT QU'ELLE BOIT TOUS LES MATINS.

— ET LE BON CAFÉ AUSSI, MON PAPA?

VII

MADEMOISELLE LILI VOIT DES VACHES.

La vérité est que mademoiselle Lili a aperçu au loin trois belles grosses bêtes qui n'ont pas l'air méchant du tout, et que mademoiselle Lili, qui aime à s'instruire, voudrait voir de plus près. D'ailleurs, quand elle est avec son papa, qui est plus fort que tout le monde, mademoiselle Lili n'a peur de rien. Les voilà arrivés sur une grosse pierre au bord de l'eau. Quand les pierres sont si grosses, on les appelle un rocher. Mademoiselle Lili est tout près des bêtes, elle apprend que ce sont les vaches de Marguerite la fermière.

« Pourquoi faire les vaches? dit mademoiselle Lili.

— Pour donner à mademoiselle Lili le bon lait qu'elle boit tous les matins.

— Et le bon café aussi, mon papa?

— Mais non, dit le papa, mais non! Le café vient d'Amérique; c'est une petite fève jaune qu'on fait griller, qui devient noire, qu'on met en poudre dans un petit moulin à moudre, et qu'on a achetée chez l'épicier.

— Tiens ! c'est vrai, dit mademoiselle Lili, j'ai vu faire déjà le café à ma bonne. »

Mademoiselle Lili avait oublié. Elle est un peu distraite, mademoiselle Lili !

Pendant ce temps-là, la plus grosse vache est entrée dans le ruisseau, et elle boit seule en mettant sa bouche dans l'eau.

« C'est-il parce qu'elle n'a pas de verre, dit mademoiselle Lili, ou c'est-il parce qu'elle n'a pas de bras qu'elle est obligée de boire comme ça ?

— C'est parce qu'elle n'a pas de bras, » dit son papa.

Mademoiselle Lili voudrait bien toucher à la bonne vache qui donne le bon lait. Mais ce sera pour une autre fois.

VIII

MADAME LA POULE A L'AIR FÂCHÉ, DIT MADEMOISELLE LILI.
— ELLE NE L'EST PAS, DIT LA MAMAN.

VIII

MADEMOISELLE LILI VOIT DES POULES.

Après avoir vu les vaches dans la campagne, mademoiselle Lili rétourne à la ferme. Elle a entendu le coq chanter et les poules caqueter, et elle voudrait bien les voir aussi.

Après avoir vu la basse-cour, où il y avait beaucoup, beaucoup de poules, mademoiselle Lili, qui a trouvé que le coq s'était enrhumé, parce qu'il criait trop fort, va avec sa maman faire une visite spéciale à une poule dont la fille de la fermière lui a parlé et qui ne fait pas de bruit.

Cette poule est toute seule dans une petite chambre en bois, couchée sur de la paille.

« Est-ce qu'elle est malade? dit mademoiselle Lili.

— Non, lui répond sa maman, c'est une bonne mère, cette poule-là, elle couve. Ses œufs sont sous elle, mais elle les cache le plus qu'elle peut : cependant regarde bien, tu en verras quand elle remue.

— Je vois, je vois, dit Lili. Mais la poule ne remue guère.

15

— C'est pour ne pas casser ses œufs. » dit la maman.

La poule était inquiète. Elle allongeait beaucoup le cou du côté de mademoiselle Lili.

« Madame la poule a l'air fâché, dit mademoiselle Lili.

— Elle ne l'est pas, dit la maman, mais elle a peur qu'on ne la dérange. Moins elle perdra de temps, plus tôt ses petits écloront; la poule ce jour-là sera bien contente.

— Moi aussi, dit mademoiselle Lili. Et alors je pourrai les voir, dis, maman?

— Oui, répond la maman.

— Est-ce que la poule mettra ses petits poulets en nourrice, comme ma tante a mis mon petit cousin Charles? dit mademoiselle Lili.

— Non, dit la maman, les petits poulets ne donnent pas autant de mal à élever que les petits enfants; dès qu'ils sont éclos, ils se mettent à courir tout seuls. »

Mademoiselle Lili regrette que son petit cousin ne soit pas comme ça.

EST-CE QUE LES POULES ONT DU CHAGRIN, MAMAN? DIT MADEMOISELLE LILI.

— QUELQUEFOIS, DIT LA MAMAN.

IX

En sortant de la basse-cour, mademoiselle Lili entend du côté du pré une autre poule qui jette comme des cris.

« Est-ce que les poules ont du chagrin, maman? dit-elle.

— Quelquefois, » dit la maman.

Mademoiselle Lili veut aller du côté de la poule qui crie pour la consoler. Elle arrive avec sa maman au bord du ruisseau.

Ce qu'elle apprend-là est étonnant.

Figurez-vous qu'il y avait à la ferme une bonne mère canne qui avait beaucoup d'œufs qu'elle couvait. La semaine passée, la pauvre mère canne est tombée malade, et n'ayant pas pu guérir, elle est morte. Une poule, son amie, s'est alors chargée de ses œufs et a fini de les couver avec les siens. Hier les petits poulets sont venus au monde et les petits canards aussi. Les petits poulets sont restés bien sagement sur la terre auprès de leur maman. Mais les petits canards,

17

3

obéissant à leur instinct nageur, ont été tout de suite se jeter dans la rivière. Leur mère adoptive les a crus perdus, elle ne peut pas s'habituer à les voir sur l'eau, elle croit qu'ils vont enfoncer et elle est très-malheureuse toutes les fois qu'ils y retournent. Mais bientôt, en les voyant se tirer si bien d'affaire et si bien nager, elle se rassurera et n'aura plus de peine.

« Tant mieux, dit mademoiselle Lili, que l'histoire de la poule aux canards a beaucoup intéressée.

— Il y a une jolie fable que tu liras quand tu seras grande, dit sa maman, et qui te rappellera cette histoire.

— Il n'y a pas de vaches, il n'y a pas de poules, il n'y a pas de petits canards aux Tuileries, dit mademoiselle Lili à sa maman. J'aime mieux la campagne de la campagne, que la campagne de Paris. »

X

PARMI LES POIRES QU'ELLE RAMASSE, IL Y EN A QUELQUES-UNES
QUI ONT ENCORE TRÈS-BONNE MINE.

X

On a permis à mademoiselle Lili d'aller, avec un grand panier, ramasser sous le grand poirier qui est au coin du bois, les poires tombées. Mademoiselle Lili a demandé la permission d'en faire hommage aux petits cochons qu'elle n'a pas encore vus et qui, d'après ce que Marguerite lui a dit, aiment beaucoup les poires tombées.

Mademoiselle Lili trouve que, parmi les poires qu'elle ramasse, il y en a quelques-unes qui ont encore bien bonne mine; elle pense que celles-là doivent être très-bonnes, même pour une petite fille.

Elle met la dent dans la plus belle; mais ça n'est pas très-sage, ce qu'elle fait là, mademoiselle Lili. Les fruits verts, cela rend très-souvent les petites filles malades. Mademoiselle Lili y pense trop tard; elle voudrait bien n'avoir pas commencé; bien sûr elle n'en mangera qu'une.

Eh bien, elle n'en mangera pas même une; mademoiselle Lili va s'apercevoir tout à l'heure qu'il y a dans sa poire, comme dans presque tous les fruits tombés, un gros vilain ver tout entouré de tabac à priser. Oh! si mademoiselle Lili l'avait mangé! Cela fait frémir rien que d'y penser...

XI

C'EST BON POUR UNE FOIS D'ALLER VOIR MESSIEURS LES COCHONS.

XI

Mademoiselle Lili va porter aux petits cochons les poires qu'elle a dans son panier. Elle trouve que ça n'est pas propre du tout autour de leur maison.

Quand on reçoit des visites, on devrait bien faire balayer sa cour.

Mademoiselle Lili ne sait seulement pas où poser son petit pied pour trouver une pierre sèche.

A mesure qu'elle approche, mademoiselle Lili s'aperçoit de plus que cela ne sent pas bon du tout chez messieurs les cochons. Cela donne à penser à mademoiselle Lili, qui est une petite personne judicieuse, que ce n'est pas pour rien qu'on a donné à ces vilaines bêtes-là leur vilain nom.

Mademoiselle Lili en est fâchée pour eux, mais elle trouve que messieurs les cochons sont bien nommés.

C'est très-laid, d'ailleurs, les cochons. Cela n'a pas une jolie voix, ni une jolie figure. Cela n'a pas l'air de bonne humeur. Ce n'est jamais débarbouillé. Cela ne mange pas

proprement. Cela met ses pieds de devant dans son manger.
Cela enfonce sa tête dans son écuelle. Cela a de vilaines
oreilles trop longues qui traînent partout, de pas beaux yeux
et trop petits, une très-laide bouche plate et pas essuyée.
Excepté de leur petite queue en boucle que mademoiselle
Lili trouve un peu drôle, mademoiselle Lili n'est pas contente
du tout de ces bêtes-là. Elle trouve que c'est bien heureux
qu'on n'en ait pas dans les chambres à Paris comme on a
des petits chiens.

En tout cas, elle ne cultivera pas beaucoup ces nouvelles connaissances; c'est bon pour une fois.

XII

MADEMOISELLE LILI A VOULU AVOIR DES SOULIERS DE BOIS
COMME LES PAYSANNES.

XII

LES BONS ET LES MAUVAIS COTÉS DES SOULIERS
DE BOIS.

Mademoiselle Lili a découvert que les bottines de Paris se mouillent très-vite dans la rosée et s'abîment beaucoup dans les cours de la ferme. Elle a voulu avoir des souliers de bois comme les paysannes, pour pouvoir marcher partout. Mais elle trouve que c'est lourd et pas commode du tout. Comment fait donc la grosse Françoise, la fille de ferme, qui court si facilement avec ces grosses machines-là? Cela fait très-mal aux chevilles. Par exemple, on entend bien mieux quand on marche : « plock! plock! » à chaque pas. Ceci est assez amusant.

Mais bah! mais bah! il faut s'habituer à tout, et mademoiselle Lili finira par s'apercevoir que les sabots ont du bon, à l'occasion. Par exemple, il ne faudrait pas en mettre pour aller au bal chez sa tante; mademoiselle Lili croit que cela ferait par trop de bruit sur le parquet, que cela glisserait trop, et que si les petits danseurs, qui sont maladroits, en avaient, et vous marchaient sur les pieds avec, quand on joue aux rondes, cela ferait trop de mal au bout des pieds de leurs sœurs et de leurs cousines. S'il est donc bon d'avoir des sabots à la campagne, il vaut mieux avoir des bottines à Paris. Mademoiselle Lili découvre ainsi que les choses sont toujours bien quand elles sont à leur place.

XIII

MADEMOISELLE LILI N'EST PAS CONTENTE, SON JOLI CHAPEAU N'ÉTAIT PAS
POUR SERVIR DE DÉJEUNER A UN MOUTON.

XIII

L'AVENTURE DU GRAND MOUTON.

Aujourd'hui mademoiselle Lili a fait une grande prome-
nade avec sa maman. Il s'agissait d'aller voir dans le pré Fayet
les brebis et leurs petits agneaux. A la bonne heure! voilà de
bonnes bêtes, les moutons, et qui n'ont pas peur et qui ne font
pas peur non plus. On peut les toucher, les caresser et même
les embrasser. Comme ils sont gentils, les petits agneaux!
Quand ils ont soif, ils sont joliment gourmands tout de même,
et leurs mamans bien complaisantes.

Il y a un grand mouton qui a pris Lili en affection. Lili
en est fière. Il la suit comme un bon grand chien.

« C'est qu'il m'aime, » dit mademoiselle Lili à sa maman.

Mais voilà que, pendant que mademoiselle Lili marche,
le grand mouton qui l'aime s'est tout doucement, tant et tant
approché d'elle, que mademoiselle Lili découvre que, si son
mouton favori l'aime, il aime encore plus peut-être le joli petit
chapeau de paille tout couvert de fleurs qu'elle avait mis pour
se garantir du soleil. D'un coup de dents, monsieur le mouton

25

4

l'a déjà entamé, mademoiselle Lili n'est pas contente, son joli chapeau n'était pas pour servir de déjeuner à un mouton, et puis, il est toujours désagréable de s'apercevoir qu'on n'est pas aimé pour soi-même. Mademoiselle Lili en fait pour son compte l'expérience, sans penser que bien souvent elle a couru après son parrain pour avoir des bonbons, et qu'elle était alors absolument comme le grand mouton.

La maman a essayé de se fâcher contre le mouton, mais je crois qu'au fond elle a envie de rire. Le pauvre mouton a pris la tête de mademoiselle Lili pour un bouquet, l'offense n'est pas si grande que mademoiselle Lili ne puisse la pardonner. J'espère que la paix sera bientôt faite.

SI LE PAUVRE PETIT OISEAU EST BLESSÉ, C'EST UNE RAISON DE PLUS
POUR LE PRENDRE.

...ON ENVERRA CHERCHER LE MÉDECIN.

XIV

LE PETIT OISEAU BLESSÉ.

En revenant du pré Fayet, mademoiselle Lili rencontre le garde-chasse qui lui offre un joli petit oiseau.

Mademoiselle Lili, bien contente d'abord, est ensuite effrayée en voyant un peu de sang à l'aile de l'oiseau. Mais en réfléchissant, elle pense que si le pauvre bon petit oiseau est blessé, c'est une raison de plus pour le prendre. Puisqu'il a besoin d'être soigné, on enverra chercher le médecin, on lui mettra un petit cataplasme de mie de pain trempée dans du lait, on l'aimera bien, on le couchera, on le guérira, on lui donnera à boire d'abord un peu de tisane au sucre, puis après on le débarbouillera avec de l'eau bien fraîche. Alors il sera gai et pourra bien manger. On lui fera de bons dîners. Il grossira un petit peu. Il sera tout à fait solide, et quand on partira, on le rapportera à Paris où on le mariera avec monsieur Fifi qui sera satisfait de voir que sa petite maîtresse a pensé à lui. Monsieur Fifi, après s'être bien longtemps ennuyé tout seul, sera très-content d'avoir de la compagnie.

27

Ce sera un bon mari, le petit oiseau sera une bonne femme ; ils feront un bon ménage tous deux. Madame Fifi pourra apprendre à chanter avec monsieur Fifi, qui est un bon musicien. Ils feront des concerts ensemble ou ils chanteront chacun à leur tour. Mademoiselle Lili invitera des amies pour les écouter.

MADEMOISELLE LILI AIDE BEAUCOUP PIERRE LE FAUCHEUR.

XV

MADEMOISELLE LILI FAUCHE LE FOIN.

C'est le moment de faire les foins. Mademoiselle Lili aime ce moment-là. Elle trouve que l'herbe coupée sent très-bon. Mademoiselle Lili va dans le pré avec Pierre le faucheur. Mademoiselle Lili l'aide beaucoup, oui beaucoup, elle lui apporte de grosses poignées d'herbe qu'elle arrache avec ses petites mains et dont on fera de grosses bottes qu'elle rapportera elle-même aux chevaux de Paris. Comme il ne pousse pas de bonne herbe fraîche comme celle-là pour eux sur les boulevards, ils seront contents de Lili.

Cette vie de campagne et de grand air plaît décidément tout à fait à mademoiselle Lili. Elle court toute la journée, elle a un appétit de petit ogre, et trouve tout bon. Elle prétend qu'on fait mieux la cuisine à la campagne qu'à Paris, et présente après chaque repas ses compliments à la fermière sur la manière dont on fait les plats et même les soupes chez elle.

Mademoiselle Lili sait aussi beaucoup marcher ; elle

prétend que plus elle marche, moins elle se fatigue, et dit qu'elle ne veut plus jamais aller dans les voitures. Elle est devenue aussi un peu moins coquette, et la robe qu'elle préfère maintenant, c'est celle qu'elle n'a pas du tout peur de gâter. Mademoiselle Lili est aussi très-bonne, elle n'a presque plus de caprices, et attribue cela au grand air. Quelque chose qu'elle aime encore beaucoup, c'est le grand vent dans ses cheveux, quand elle court. Il faut savoir aussi qu'elle court très-bien maintenant sans tomber. Ses jambes sont très-solides.

XVI

L'ANE S'APPELLE JACQUOT, IL N'EST PAS EN BOIS ; C'EST UN TRÈS-BON ANE,

IL COMPREND TOUT CE QUE DIT MADEMOISELLE LILI.

XVI

Le fils de Pierre est venu avec l'âne ramasser l'herbe coupée. Il a assis mademoiselle Lili par-dessus, et c'est elle qui fait marcher l'âne avec une branche d'arbre qui lui sert de cravache.

Mademoiselle Lili a vu souvent au bois de Boulogne des dames qui étaient à cheval; puisqu'elle sait très-bien se tenir à cheval sur les ânes, et que ce n'est pas plus difficile que cela, elle ira très-bien à cheval au bois, avec les autres dames amazones, si son papa le veut.

Mademoiselle Lili avait déjà été à cheval deux fois, mais c'était sur des chevaux de bois qui tournaient toujours, ce qui n'est guère amusant. L'âne s'appelle Jacquot, il n'est pas en bois, c'est un très-bon âne. Il n'est pas vieux. Et quand c'est Lili qui lui parle, il n'est pas entêté. Il a même un très-bon caractère, car il ne se fâche jamais, comprend tout ce que dit mademoiselle Lili, et est obéissant. Il va à droite, à gauche, partout, et passe même sur le pont, qu'il n'a

31

tout de même pas l'air d'aimer beaucoup, sans se faire prier. Mademoiselle Lili espère que Jacquot est très-content d'elle aussi, elle lui a déjà donné trois fois du sucre qu'il vient chercher dans sa main sans la mordre. Quand il a eu son sucre, il rit en retroussant ses grandes lèvres et en montrant ses grandes dents. Quelquefois il est si content qu'il se met à chanter ; mais ce n'est pas un bon musicien, il chante très-fort. Cela fait rire mademoiselle Lili, qui lui fait honte en lui faisant voir qu'elle est obligée de se boucher les oreilles.

Lili connaît la maman de Jacquot, qui appartient au moulin, et qui s'appelle Jacquette ; la petite fermière lui a dit que Jacquot était un bon fils et qu'il aimait toujours bien rencontrer sa maman quand ses affaires le lui permettent.

XVI

MADEMOISELLE LILI NE FRAPPE PAS FORT DU TOUT ; C'EST POUR RIRE.

ELLE NE VOUDRAIT PAS FAIRE DE MAL A DE SI BONNES BÊTES.

XVII

LA RENTRÉE DES FOINS.

Le lendemain, mademoiselle Lili est allée avec Suzette,
la fille de Marguerite la fermière, tout au bout du grand pré.
Comme c'est encore plus loin que le pré Fayet, on l'avait fait
monter sur le grand chariot pour revenir à la maison. Mais,
en voyant comme les chevaux avaient de la peine à traîner
tout cela dans la terre trop molle, la bonne Lili a voulu
descendre pour les soulager. Lili sait qu'elle est lourde, sa
maman le lui a dit quelquefois, et même son papa. A côté
de Lili il y avait une petite sauterelle verte qui est descendue
de la voiture en même temps qu'elle. Mademoiselle Lili pense
que la sauterelle avait sans doute, comme elle, peur de fatiguer
les chevaux. Une fois par terre, elle a cherché la sauterelle
pour lui faire son compliment; mais les sauterelles sont très-
lestes, la sauterelle avait disparu.

Mademoiselle Lili n'aime pas être inutile, elle a pris le
fouet pour faire aller les chevaux, elle ne frappe pas fort du
tout; c'est pour rire! elle ne voudrait pas faire de mal à de si

33

bonnes bêtes. Elle leur crie : « Allez, allez, messieurs les chevaux ! » pour leur donner du courage, et ils vont.

Les voitures vont plus vite à Paris, on ne peut pas les suivre à pied. C'est bien moins agréable.

Mademoiselle Lili trouve que c'est encore plus amusant de travailler à la campagne que de jouer à Paris. Depuis qu'elle travaille aux champs, elle a des joues très-rouges, ce qui est très-joli. La grosse Françoise lui dit toujours que c'est comme des pommes, et que cela lui donne envie de les manger. Mais c'est pour plaisanter. Lili, qui a vu quelquefois mademoiselle la grosse Françoise croquer des pommes derrière la haie, sait bien qu'elle aime mieux les pommes. Marguerite la fermière, en lui mettant ses bas un jour, lui a dit aussi que ses mollets étaient durs comme des pierres; mademoiselle Lili a été très-satisfaite de s'entendre dire une chose aussi agréable que celle-là.

XVIII

MADEMOISELLE LILI N'AVAIT JAMAIS VU PÊCHER QUE DANS LES IMAGES.

XVIII

LE COMMENCEMENT D'UNE TERRIBLE
AVENTURE.

Aujourd'hui, c'est une terrible aventure! Le papa et la maman de mademoiselle Lili ont été obligés, ce matin, de sortir pour aller rendre plusieurs visites dans les environs. Ils ne rentreront que pour l'heure du dîner. Ils ont recommandé à mademoiselle Lili, en partant, d'être sage, prudente, de ne pas aller toute seule plus loin que le petit pré, de ne pas aller du côté de l'eau surtout, et enfin de ne faire enrager personne, ce qui arrive quelquefois à mademoiselle Lili, quand elle est trop gaie, et que ses parents ne sont pas là.

Après son déjeuner au lait, mademoiselle Lili a pensé qu'il conviendrait qu'elle prît un peu l'air. Elle ne pensait d'abord qu'à faire un petit bouquet de pâquerettes pour l'offrir à sa maman, à son retour. Mais voilà que dans un coin de la haie du pré elle a découvert un trou fait tout à fait comme une petite porte et qui donnait sur un autre pré. Dans cet autre pré, il y avait naturellement beaucoup plus de fleurs que dans le pré où elle était. Du trou de la haie on voyait même une touffe de pâquerettes, qui avaient des queues longues et de si jolies petites collerettes bordées de rouge que mademoiselle Lili, sans savoir comment, après s'être baissée un peu pour les regarder, a passé par le trou de la haie et les a cueillies. Au moment où mademoiselle Lili se relevait pour rentrer bien vite dans le pré permis, un grand papillon qui avait des ailes étonnantes s'approche de son bouquet. Mademoiselle Lili surprise fait un mouvement, le papillon surpris aussi fait un crochet et va se poser à quatre ou cinq pas plus loin sur une touffe de mauves. Mademoiselle Lili qui ne l'avait pas bien vu, pour le bien voir, fait les cinq pas; le papillon s'envole encore, mais il s'arrête si près sur un bluet en regardant d'un air moqueur mademoiselle Lili, que mademoiselle Lili ne peut pas s'empêcher de le suivre. Dès que Lili approche, le papillon reprend son vol et Lili reprend sa course. C'était comme un jeu. Tout à coup mademoiselle Lili s'aperçoit qu'elle est au bord de l'eau...

Le papillon malin avait traversé l'eau et volait de fleur en fleur sur l'autre bord. Ce n'était pas bien jouer, cela. Le papillon savait bien que mademoiselle Lili n'avait que des pieds et pas d'ailes, et qu'elle ne pouvait pas passer l'eau. Mais les papillons ne font attention à rien. On ne devrait jamais oublier que jouer avec ceux qui ont ce caractère-là, c'est s'exposer à faire bien des sottises, surtout si on n'est pas plus sage qu'eux.

En voyant l'eau, mademoiselle Lili n'avait plus pensé au papillon, au jeu, à rien, qu'à sa faute. On lui avait défendu d'aller au bord de l'eau, elle y était venue; elle y était toute seule. C'était très-mal, et c'était aussi très-effrayant. Lili n'était pas contente d'elle. Comment cela s'était-il fait?

Très-inquiète, elle regarde autour d'elle, elle ne voit rien, elle n'entend rien que le bruit de l'eau qui se dépêche de couler.

Les petites filles ont raison de ne pas aimer être seules dans les endroits qu'elles ne connaissent pas. On ne sait pas ce qui peut arriver. Il y a des méchantes gens qui volent les enfants, et qui, après, les forcent de danser sur des cordes. Les mamans ne les trouvent plus et ont de grands chagrins, les petites filles sont alors toute leur vie extrêmement malheureuses. Son papa a lu un jour une chose comme cela dans son journal. Mademoiselle Lili l'a bien entendu, et cela ne lui fait pas plaisir de penser à des choses pareilles. Elle a très-peur. Elle a envie de pleurer et même de crier, elle ne sait que faire. Mais voilà qu'en faisant quelques pas pour chercher son chemin, elle se trouve en présence d'un monsieur qui pêchait à la ligne. Ce monsieur lui demande si elle n'est pas la petite fille de monsieur et de madame ***, qui sont à la ferme. Il lui dit qu'il connaît son papa et qu'elle est très-jolie; tout le portrait de sa maman! Mademoiselle Lili voit bien que le monsieur, puisqu'il connaît son papa et même sa maman, n'est pas un voleur d'enfants. Elle croit qu'elle ne peut refuser de faire la connaissance d'un monsieur si poli, et de regarder aussi un peu comment on pêche pour de bon.

Mademoiselle Lili n'avait jamais vu pêcher que dans les images. Le monsieur jette sa ligne, dit à Lili de ne pas bouger, de ne pas faire de bruit et de regarder dans l'eau au bout du fil. Alors bientôt un poisson vient qui veut manger la ligne du monsieur. Le monsieur relève bien vite sa ligne, pour qu'elle ne soit pas mangée.

Paf! c'est le poisson qui est pris....

— « Et c'est lui qui sera mangé, » dit le monsieur d'un air content.

C'est dommage que, pour manger les bons poissons, il faille les retirer de la rivière et que cela les empêche de vivre; voilà ce que pensait mademoiselle Lili en voyant le pauvre poisson hors de l'eau.

XIX

COMME IL ÉTAIT LE PLUS FORT, C'EST LE POISSON QUI PÊCHE MADEMOISELLE LILI,
AU LIEU D'ÊTRE PÊCHÉ PAR ELLE.

XIX

SUITE D'UNE TERRIBLE AVENTURE.

MADEMOISELLE LILI EST PÊCHÉE PAR UNE CARPE.

Le monsieur alors veut voir si mademoiselle Lili sait pêcher. Il lui donne sa ligne à tenir. Lili n'ose pas dire non. Mais son cœur bat. Lili voudrait bien dire aux poissons : « Ne venez pas, » mais le monsieur a mis son doigt sur sa bouche pour défendre de parler, et justement, presque tout de suite, il en vient un. « Tire, tire bien vite, » dit le monsieur. Lili, la tête un peu perdue, se met à tirer pour obéir au monsieur. Mais pendant qu'elle tire de son côté, le poisson qui veut rester dans l'eau et qui est très-gros, tire du sien, et comme il était le plus fort, c'est le poisson qui pêche mademoiselle Lili, au lieu d'être pêché par elle, et qui l'entraîne dans la rivière.

Le monsieur n'avait pas prévu cela (ces choses-là n'arrivent peut-être pas tous les jours), il se précipite au secours de mademoiselle Lili, et bien heureusement il la rattrape par sa robe. La pauvre mademoiselle Lili avait déjà toute la tête et la moitié du corps dans l'eau! Et, comme dans sa frayeur

39

elle avait serré toujours plus fort la canne de la ligne dans sa main, le monsieur repêche du même coup mademoiselle Lili et le poisson, qui n'avait pas pu se débarrasser de l'hameçon.

Le poisson était une grosse carpe, énorme, et qui pesait au moins six livres. Mademoiselle Lili, quand elle le vit au bord de l'eau, crut que c'était une vraie baleine. Elle tremblait, elle était pâle et toute mouillée.

Je vous prie de croire qu'elle ne pêchera plus jamais! non jamais! Elle n'est pas contente du monsieur, mais elle n'ose pas le lui dire, parce qu'elle n'est pas contente d'elle-même non plus, et qu'elle sent bien que c'est elle qui a commencé à faire une grande faute en sortant du pré permis.

Comme les enfants auraient raison s'ils ne désobéissaient jamais à leur maman!

XX

LA PAUVRE LILI AVAIT PLUS ENVIE DE PLEURER QUE DE REGARDER LE
GROS POISSON.

XX

HISTOIRE DE LA MAIN ÉCORCHÉE.

En tombant dans l'eau ou peut-être pendant que le monsieur l'en retirait, la pauvre mademoiselle Lili s'était en outre écorché et coupé la main aux pierres et aux ronces qui bordent la rive. Sa main droite était tout en sang.

Quand le monsieur, qui avait eu la fâcheuse idée de vouloir lui apprendre à pêcher, vit cela, il eut l'air bien malheureux. « Ah mon Dieu! ah mon Dieu! » s'écriait-il. Il lava la petite main blessée avec de l'eau fraîche et l'entortilla dans le mouchoir de mademoiselle Lili, en attendant qu'on pût la faire voir au médecin, puis il appela de toutes ses forces quelqu'un qui passait au loin. C'était heureusement le fils et la fille de Marguerite la fermière.

Le monsieur leur raconta vite l'accident qui s'était passé et leur dit de reconduire tout de suite la pauvre mademoiselle Lili à la ferme, que de son côté il allait couper au plus court à travers champs pour aller chercher le médecin au village et le ramener.

41

Il recommanda bien à Lili de ne pas s'arrêter et de marcher vite pour entretenir la chaleur.

Pendant la route, pour donner du courage à mademoiselle Lili, le petit fermier lui montrait sa superbe pêche. Mais la pauvre Lili avait plus envie de pleurer que de regarder le gros poisson. Elle pensait à sa robe mouillée, à son papa, à sa chère maman ; elle pensait au trou de la haie, au papillon trompeur, à son petit bouquet perdu, à sa désobéissance, à sa main déchirée qui lui cuisait beaucoup, et surtout au médecin qu'elle ne connaissait pas, qui allait venir pour la panser, et dont elle avait bien peur. Les médecins font toujours un peu de mal avant de guérir ; qu'est-ce que ce médecin-là allait faire à son bobo ? Tout cela était bien inquiétant.

La pauvre Lili est déjà bien punie, comme vous voyez.

XXI

D'UN GESTE BRUSQUE LILI PLACE SA PETITE MAIN GAUCHE, QUI N'AVAIT
RIEN DU TOUT, DANS LA MAIN DU BON DOCTEUR.

XXI

Mademoiselle Lili est rentrée, son papa et sa maman sont toujours absents. — Marguerite la fermière l'a bien essuyée, bien réchauffée, bien séchée et presque pas grondée; mais ce n'est pas tout. Voilà maintenant que M. le docteur vient d'arriver. Il n'a pas l'air méchant, il a des lunettes en or, mais Lili à tout de même très-peur.

« Allons, mademoiselle Lili, lui dit le médecin, qui savait déjà son nom, retirez-moi bien vite cette petite main-là de sa cachette et mettez-la toute grande ouverte dans la mienne : les médecins ne peuvent pas guérir les bobos sans les voir.

— Oh! se disait Lili, comment faire? »

Il vint alors à mademoiselle Lili une idée qu'elle crut très-bonne pour tromper M. le médecin et, après le mal, éviter le remède. D'un geste brusque, elle plaça sa petite main gauche, qui n'avait rien du tout, dans la main du bon docteur et laissa l'autre, sa main malade, bien cachée dans les jupons de Marguerite.

48

Le médecin tourna et retourna cette petite main : elle
était blanche, potelée et semblait bien n'avoir jamais eu de
bobo de sa vie.

« Ah! ah! dit le docteur, voilà qui est particulier, on
dirait que le bobo de mademoiselle Lili s'est guéri tout seul.
C'est égal, comme le mal est sans doute au dedans, nous
allons enfermer cette petite main-là dans un bon bandage, et
mademoiselle Lili en sera quitte pour jouer et manger jusqu'à
demain matin avec la main qui lui reste. »

XXII

AUSSI LONGTEMPS QU'ELLE PUT REMUER SES PETITS DOIGTS,
MADEMOISELLE LILI EUT LE TRIOMPHE DE CROIRE QUE SA RUSE AVAIT RÉUSSI.

XXII

MADEMOISELLE LILI A EU UNE MAUVAISE IDÉE.

Prenant alors dans sa poche une bande de linge fin, très-longue, qu'il avait apportée, M. le docteur se mit avec le plus grand sérieux à embobeliner la main gauche de mademoiselle Lili, de façon qu'elle ne fût plus bonne à rien du tout.

Aussi longtemps qu'elle put remuer ses petits doigts dans le bandage, mademoiselle Lili eut le triomphe de croire que sa ruse avait réussi; mais quand elle se sentit les doigts bien pris, bien emmaillottés dans la bande du bon docteur, et comme l'opération allait finir et devenir définitive, la réflexion lui vint qu'elle faisait là en somme une bien mauvaise affaire, puisque pour sauver du pansement sa main droite qui, étant vraiment malade, ne lui était bonne à rien, elle allait se priver des services de sa bonne petite main gauche qui pouvait lui être très-utile pendant que l'autre guérirait.

Tirant alors, avec l'embarras qu'on a toujours quand on a fait une sottise, sa main droite de derrière son dos où elle l'avait mise en sûreté :

45

« Lili s'est trompée, dit-elle en rougissant, c'est cette main-là qui a le bobo.

— C'est parbleu vrai! dit le médecin qui fit celui qui est bien étonné, et nous allions faire là une jolie besogne! La pauvre Lili n'aurait plus eu de bonne main du tout. Comme c'est heureux qu'elle se soit aperçue à temps de son erreur! »

Et de la main gauche, le bandage passa à la main droite; mais cette fois, le vieux malicieux docteur, qui n'avait pas été trompé un instant, y avait ajouté une bonne petite compresse qu'il s'était bien gardé d'user sur la main qui n'avait rien et qui fit tout de suite beaucoup de bien au bobo.

XXIII

C'EST CETTE MAIN-LA QUI A LE BOBO.

XXIII

REPENTIR DE MADEMOISELLE LILI.

Après tout cela, mademoiselle Lili, vous le pensez bien, ne pouvait pas être contente d'elle. Son petit mensonge restait sur sa conscience, et très-lourd. C'était vraiment une très-mauvaise journée.

Lorsque le docteur prit sa canne et son chapeau pour s'en aller, mademoiselle Lili se glissa derrière lui tout doucement, et le tirant par le pan de sa redingote :

« Bon docteur, dit-elle, Lili est bien méchante, elle a voulu t'attraper. Lili savait bien la main qui était malade... »

Le docteur fit un petit sermon à mademoiselle Lili contre le mensonge, où il lui disait qu'il ne fallait jamais tromper personne, ni surtout son médecin ; que ne pas dire la vérité, c'était très-vilain ; qu'il était bien étonné qu'une petite fille comme mademoiselle Lili sût mentir. Puis il lui pardonna, l'embrassa et partit.

Quand le papa et la maman de mademoiselle Lili rentrèrent le soir, ils eurent bien du chagrin en apprenant toute

47

l'histoire de cette fâcheuse matinée ; mais mademoiselle Lili promit tant qu'elle ne ferait plus jamais, jamais ce que sa maman lui aurait défendu, et elle embrassa tant et tant son petit papa et sa petite maman, que la journée finit tout de même assez bien.

Le lendemain, la carpe qui avait pêché mademoiselle Lili fut servie à dîner. Tout le monde la trouva très-bonne. Mais mademoiselle Lili lui garda rancune et n'en voulut pas manger ; elle dit qu'il y avait trop d'épines dans les carpes ; elle voulait dire des arêtes. La vérité est peut-être qu'elle ne voulait pas manger d'un poisson qu'elle avait connu.

Le lendemain aussi, le bobo de mademoiselle Lili, grâce à la compresse du bon docteur, était guéri tout à fait.

XXIV

NE PLEURE PAS, LILI REVIENDRA TE VOIR ; LILI T'ENVERRA UN
BEAU BONNET A RUBANS.

XXIV

FIN DU VOYAGE A LA CAMPAGNE

ET RETOUR A PARIS.

Après les quinze jours que nous venons de raconter,
quinze autres jours s'étaient encore passés, mais si vite, si
vite, que quand son papa dit à mademoiselle Lili qu'il fallait
retourner à Paris, elle eut bien de la peine à le croire.

De ces quinze jours il n'y a rien de particulier à dire,
quoiqu'ils aient été bien amusants. Mais chacun d'eux avait
ramené comme un nouveau plaisir, un des amusements des
jours précédents : les fraises cueillies dans le petit bois, les
promenades à âne, les bouquets, les courses avec Marguerite
et sa fille, les conversations avec les canards et les petits poulets qui avaient grandi, les amitiés avec les bonnes vaches, et
avec une petite génisse qui était venue au monde depuis qu'on
était à la ferme, qui connaissait déjà très-bien mademoiselle
Lili, et que la petite fermière avait appelée Lilette, en souvenir
de Lili. — Les oiseaux chantaient un peu moins dans les
arbres, parce qu'ils avaient à soigner leur ménage. Les petits

agneaux ne tourmentaient plus tant leurs mamans, et se contentaient de manger à côté d'elles la bonne herbe des prés. Ils s'étaient fortifiés, et mademoiselle Lili avait fait comme eux. Elle était devenue très-grande et très-grosse, sa maman avait été obligée de reculer les agrafes de ses robes. Ce qu'il y avait de mieux, c'est que tout en jouant toute la journée, elle avait appris, presque sans s'en douter, à lire couramment.

Mademoiselle Lili sait donc très-bien maintenant ce que c'est que la campagne. Elle connaît la ferme, les vaches, les moutons, les cochons, les poules, les canards, les prés, les ruisseaux, les sentiers, les haies, le blé, le nom des grands arbres et celui de la luzerne et du sainfoin qui a de si belles couleurs.

Bien qu'elle ait beaucoup de belles choses à revoir à Paris et bien des amis et des amies à retrouver, elle regrette d'être obligée de quitter ses nouveaux amis les bêtes et les gens de la ferme. La campagne devrait pouvoir venir à Paris. Le monde est trop grand. Ce n'est pas bien arrangé. Elle pensera toujours à la ferme maintenant. Si sa bonne maman, son petit Fifi, et sa tante, et son petit cousin, et son rosier, voulaient y venir, elle aimerait mieux ça ; elle n'aurait pas besoin de retourner à Paris.

Mais la voiture est là qui doit les conduire à la station. La petite fermière, qui a du chagrin de voir partir mademoiselle Lili, a les yeux tout rouges. Elle a fait un bouquet à mademoiselle Lili de fleurs des champs qui ne poussent pas dans les jardins de Paris et a mis beaucoup de prunes dans son panier.

« Ne pleure pas, lui dit mademoiselle Lili, qui est montée

la première en voiture, Lili reviendra te voir; Lili t'aime, elle t'enverra un beau bonnet à rubans, et maman une belle robe à carreaux. »

Si la voiture avait été assez grande, Lili aurait voulu mettre tout le monde de la ferme dedans, mais les vaches, c'est trop gros.

Tous les adieux sont faits, le voyage de mademoiselle Lili à la camgagne est fini.

CONCLUSION.

Je vous dirai tout bas que ce n'est qu'en arrivant à Paris que mademoiselle Lili s'est aperçue de quelque chose de bien surprenant : c'est que mademoiselle Julie, sa poupée, était restée sur le canapé ! Quel étonnement ! comment mademoiselle Lili a-t-elle pu l'oublier si longtemps ! Heureusement que mademoiselle Julie ne paraissait pas désirer beaucoup la campagne, et que surtout elle est très-dormeuse. Croiriez-vous qu'elle a dormi sans bouger et sans se réveiller pendant tout le temps qu'a duré l'absence de sa petite maîtresse, et qu'elle n'a rien dit à mademoiselle Lili à son retour pour lui reprocher cette absence ! Je crois, moi, qu'elle ne s'en est seulement pas aperçue. C'était une poupée, il est vrai, qui ne connaissait pas encore beaucoup mademoiselle Lili. Mais cela prouve toujours qu'il y en a, parmi ces belles demoiselles aux yeux d'émail et à la tête de porcelaine, qui n'ont pas beaucoup de cervelle et qui, à cause de cela peut-être, ne sont pas

très-sensibles. Quand mademoiselle Lili jouait à la balançoire dans le petit jardin de la tante, la veille du départ,
on avait pourtant fini par faire beaucoup de projets. La
poupée les avait remplacés par un bon somme et ne se sou-
venait de rien.

« Après tout, se dit mademoiselle Lili, en voyant que
mademoiselle Julie est si indifférente, cela vaut mieux que
mademoiselle Julie ne soit pas venue à la ferme, elle serait
usée maintenant, tandis qu'elle est encore toute neuve. »

Mademoiselle Lili se contentera donc de raconter à mademoiselle Julie tout, tout son voyage. Cela sera pour elle
comme si elle en avait été. Bien sûr elle ne lui dira du mal
que des co... que des vilaines bêtes que je ne veux plus
nommer.

TABLE

PARIS. — J. CLAYE, IMPRIMEUR, RUE SAINT-BENOIT, 7.

BIBLIOTHÈQUE ILLUSTRÉE

DES FAMILLES

LES CONTES DE PERRAULT, préface de STAHL. Splendide édition in-folio, illustrée par Gustave Doré. Riche reliure anglaise. 5ᵉ édition. . . . . . . 70 fr.

LES ENFANTS (*le Livre des Mères et des Jeunes Filles*), la fleur des poésies de Victor Hugo ayant trait à l'enfance, par Victor Hugo, illustrée par FROMENT. 1 vol. Relié, doré sur tranche, 15 fr. — Prix broché. . . . . . . 10 fr.

LA COMÉDIE ENFANTINE, par Louis RATISBONNE. Riche édition illustrée par GODERT et FROMENT. Ouvrage couronné par l'Académie. 5ᵉ édition (1ʳᵉ série). 1 vol. in-8°. Relié, 14 fr. — Broché. . . . . 10 fr.

NOUVELLES ET DERNIÈRES SCÈNES DE LA COMÉDIE ENFANTINE, à l'usage du second âge, par Louis RATISBONNE, illustrées par FROMENT. Riche édition pareille à la 1ʳᵉ série. Gravures à part, d'après Froment, tirées en couleur. 1 beau vol. sur vélin (dernière série). Relié, 14 fr. — Broché. . . . . 10 fr.

LES CONTES DU PETIT-CHATEAU, par Jean MACÉ (auteur de l'*Histoire d'une Bouchée de pain*), illustrés par BERTALL. 1 beau vol. in-8°. Relié, 10 fr. — Broché . . . . 6 fr.

LE THÉATRE DU PETIT-CHATEAU, par Jean MACÉ. 1 beau vol. in-8° sur vélin, illustré par FROMENT. Relié, doré sur tranche, 10 fr. — Broché . . 6 fr.

LES AVENTURES D'UN PETIT PARISIEN, par Alfred DE BRÉHAT. Cet ouvrage est un pendant au *Robinson Suisse*. 1 beau vol. in-8°, illustré par MORIN. Relié, doré sur tranche, 10 fr. — Broché. . . . . 6 fr.

LES FÉES DE LA FAMILLE, par Mᵐᵉ S. LOCKROY. 1 beau vol. in-8°, illustré par DE DONCKER. Relié, doré sur tranche, 10 fr. — Broché. . . . . . . 6 fr.

RÉCITS ENFANTINS, par E. MULLER, illustrés par FLAMENG. Relié, 10 fr. — Broché. . . . . 6 fr.

PICCIOLA, par Xavier SAINTINE, 39ᵉ édition, illustrée à nouveau par FLAMENG. 1 vol. Relié, doré sur tranche, 10 fr. — Broché. . . . . 6 fr.

LE VICAIRE DE WAKEFIELD, traduit par Charles NODIER, illustré de 10 belles gravures sur acier par Tony JOHANNOT. Grand in-8°. Relié. 10 fr. — Broché. . . . . 6 fr.

LES BÉBÉS, poésies de l'enfance, par le comte DE GRAMONT, illustrés par Oscar PLETSCH. 1 vol. Relié, doré sur tranche, 10 fr. — Broché. . . . . 6 fr.

LA VIE DES FLEURS, par Eugène NOEL, illustrations par YAN' DARGENT. Ouvrage de tous les âges. 1 vol. Relié, doré sur tranche, 10 fr. — Broché. 6 fr.

L'ARITHMÉTIQUE DU GRAND-PAPA (*Histoire de deux petits Marchands de pommes*), par Jean MACÉ, illustrations de YAN' DARGENT. 1 vol. Relié, 10 fr. — Broché. . . . . 6 fr.

LE PETIT MONDE, par Charles MARELLE. 1 vol. Relié, 10 fr. — Broché. . 6 fr.

LES BONS PETITS ENFANTS (volume en prose), par le comte DE GRAMONT, vignettes par Ludwig RICHTER. 1 vol. in-8°. Relié, 10 fr. — Broché. . . . 6 fr.

LA JOURNÉE DE MADEMOISELLE LILI. 1 joli volume-album grand in-8° sur vélin. Vignettes par FRŒLICH, texte par UN PAPA. Cartonné. 7ᵉ édition. 3 fr.

Le même ouvrage, richement cartonné, avec plaques spéciales, doré sur tranche . . . . 5 fr.

L'édition anglaise, mêmes prix.
L'édition danoise, —
L'édition allemande, —

L'HISTOIRE DU GRAND ROI COCOMBRINOS, par Mick NOEL. Cartonné. 3 fr.

LES MÉSAVENTURES DU PETIT PAUL, silhouettes enfantines, par Mick Noel. Cartonné. . . . . 2 fr.

'LES FABLES du comte Anatole DE SÉGUR, illustrées par FRŒLICH. 1 beau vol. in-8°. Relié, doré sur tranche, 10 fr. — Broché. . . . . 6 fr.

LA BELLE PETITE PRINCESSE ILSÉE, par P.-J. STAHL, illustrée par FROMENT. 1 vol. in-8°. Relié toile, doré sur tranche, avec plaques spéciales, 7 fr. — Broché . . . . 5 fr.

LE NOUVEAU ROBINSON SUISSE, traduction entièrement nouvelle, par Eugène MULLER, revue et mise au courant de la science moderne par P.-J. STAHL. Illustré de magnifiques dessins par YAN' DARGENT. 1 beau vol. grand in-8°. Relié toile, doré sur tranche, avec plaques spéciales, 8 fr. — Broché. . . . . 6 fr.

MAGASIN D'ÉDUCATION ET DE RÉCRÉATION

ENCYCLOPÉDIE DE L'ENFANCE ET DE LA JEUNESSE

Publié sous la direction de JEAN MACÉ et de P.-J. STAHL

AVEC LA COLLABORATION DE NOS PLUS CÉLÈBRES ÉCRIVAINS ET SAVANTS
Illustré d'un grand nombre de dessins par nos meilleurs artistes.

Un beau vol. gr. in-8°. Prix : broché, 6 fr. ; avec cartonnage, fers spéciaux, doré sur tr., 8 fr. avec une reliure demi-chagrin, doré sur tranche, 10 fr. 25 c.

ÉDITIONS IN-18 AVEC ET SANS VIGNETTES.

Tous ces ouvrages se trouvent aussi reliés.

LIBRAIRIE J. HETZEL, 18, RUE JACOB, PARIS

Volumes illustrés pour étrennes 1866.

CINQ SEMAINES EN BALLON .... 6 fr.

HISTOIRE D'UNE BOUCHÉE DE PAIN .... 6 fr.

AVENTURES DE JEAN-PAUL CHOPPART .... 6 fr.

LA TASSE A THÉ .... 6 fr.

HISTOIRE D'UN AQUARIUM ET DE SES HABITANTS .... 6 fr.

LILI A LA CAMPAGNE .... 5 fr.

ALPHABET DE MADEMOISELLE LILI .... 3 fr.

MUSÉE POÉTIQUE .... 10 fr.

NOUVELLES ÉDITIONS.

.... 3 fr.

.... 6 fr.

Volumes in-8 illustrés déjà parus.

www.ingramcontent.com/pod-product-compliance
Lightning Source LLC
Chambersburg PA
CBHW060606100426
42744CB00008B/1342